식물_식물의 번식

꽃가루의 모험

글_김미경 그림_이영림 감수_이은주

여원미디어

꽃잎이 펼쳐지는 순간, 꽃가루의 여행이 시작됩니다.
수술의 꽃밥에서 암술의 머리 위로 떠나는
아슬아슬한 모험이지요.

옥수수 철쭉 벚꽃 소나무

대부분의 꽃에는 암술과 수술이 함께 있어요. 하지만 암술 또는 수술만 있는 꽃도 있으며, 암꽃과 수꽃으로 따로 핀답니다.

스스로 움직일 수도 없는데,
꽃가루는 어떻게 멀리까지 여행할까요?

소나무 수꽃

소나무는 암꽃과 수꽃이
따로 피는 식물이에요.
암꽃에는 암술이,
수꽃에는 수술이 있어요.

붕어마름

나사말

소나무의 꽃가루는 바람에 몸을 맡겨요.

소나무 암꽃

나사말 암꽃
수꽃과 물 위에 핀 암꽃이 만나,
꽃가루가 암술머리에 옮겨 붙어요.

검정말

물속에 사는 나사말은 흐르는 물에 몸을 맡깁니다.

나사말 수꽃
다 자란 수꽃은 물 위로 떠올라
동동 떠내려가요.

국화

동백꽃

나팔꽃

대부분의 꽃은 꽃가루가 좀 더 확실하고 안전하게
암술에게 가길 바랍니다.
그래서 꽃은 향긋한 냄새와 아름다운 꽃잎으로 단장하고
벌과 나비와 새들을 불러 모아요.

꽃의 유혹에 이끌린 벌들이 꿀을 찾아 깊숙이 몸을 숙이면,
꽃가루들은 재빨리 벌에게 달라붙어요.

나팔꽃

벌을 따라 나선 꽃가루들은 이 꽃에서 저 꽃으로 날아다니다가,
마침내 암술머리에 옮겨 붙게 되지요.

붓꽃

무궁화

동백꽃

동백꽃의 화려한 붉은빛은 동박새를 부르는 신호예요.
추운 겨울에 피어나는 동백꽃의
꽃가루는 동박새가 옮겨 주어요.

동박새

수많은 꽃가루가 여행을 떠났지만, 암술머리에
무사히 내려앉은 단 하나의 꽃가루만이
씨앗을 맺을 수가 있답니다.

한 꽃 안에 암술과 수술이 있어도,
꽃가루는 멀리 떨어진 꽃의
암술머리로 갑니다.
그래야 더 강한 씨앗을
맺을 수 있으니까요.

암술과 수술이
함께 있는 꽃이에요.

꽃가루가 암술머리에 옮겨 붙어
'수분'이 이루어져요.
꽃가루는 씨방으로
관을 늘어뜨려요.

봉선화

콩

꽈리

단풍나무

이 모든 씨가 꽃가루의 여행으로 태어났어요.

감

나팔꽃

석류

도토리 밤

수박 쌀 호박 민들레

이제는 씨가 여행을 떠날 차례예요.
고루고루 퍼져서 새로운 싹을 틔우기 위해,
씨도 머나먼 모험에 나선답니다.

옥수수 해바라기

완두와 봉선화의 씨는 꼬투리의 도움을 받아요.
잘 여물면, 꼬투리가 툭 터지며
멀리 날려 버리거든요.

봉선화

완두

단풍나무

민들레

씨에 날개가 달려 있다면 좀 더 쉽게 날아오를 수 있겠지요? 단풍나무의 씨는 프로펠러처럼

빙글빙글 몸을 돌리며 하늘 높이… 그리고

민들레의 씨는 흰 깃털을 낙하산처럼 활짝 펴고 멀리멀리 날아갑니다.

등나무

등나무와 호두나무의 씨는 두꺼운 껍질에 덮여 있어요.
이 껍질을 뗏목 삼아 힘차게 떠내려갑니다.
두꺼운 껍질은 물렁물렁해져서 터지고,
그 안에 있던 씨는 무사히 땅에
도착할 거예요.

맛있는 열매 속에 몸을 감추고 있는 씨도 있어요.
동물들은 맛난 열매를 먹어서 좋고,
씨는 동물들의 몸속에서
편안히 모험을 떠나서 좋지요.

포도나무

동물들의 똥과 함께 땅에 떨어진 씨는
똥을 영양분 삼아
무럭무럭 자라날 거예요.

갈고리 모양의 가시가 달린 열매 속에 숨은 씨도 있어요.
가시로 동물들의 털을 꽉 붙들면,
바람을 가르며 달리는 기분을 느낄 수도 있어요.

쇠무릎

도꼬마리

깊은 숲이어도, 보도블록의 깨진 틈이어도 좋아요.
싹을 틔울 수 있는 땅이라면,
씨들은 어디든 마다하지 않아요.

그리고 땅속에서 들어앉아 따뜻한 봄이 되길 기다려요.

또다시 새로운 모험을 준비하기 위해서 말이에요.

교수님이 들려주는 생명 이야기

꽃가루의 모험

이은주(서울대학교 생명과학부 교수)

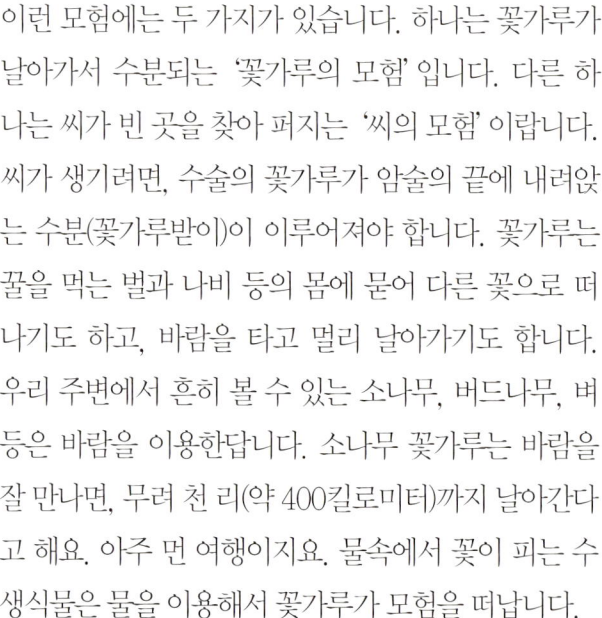

식물은 동물처럼 발이나 날개가 없답니다. 혼자 힘으로는 움직이지 못하지요. 그런데 식물이 한곳에서만 계속 자라면 어떤 일이 벌어질까요? 자손도 어미 바로 옆에서 자라야 하기 때문에 몹시 혼란스럽게 된답니다.

나무와 같이 큰 식물들에게는 더욱 그렇지요. 어미 나무의 그늘 밑은 빛과 영양분이 부족하답니다. 자손들이 잘 자랄 수 없지요. 또 같은 식물 안에서 수정이 일어나면, 좋지 않은 유전자들이 쌓여 건강한 자손이 생겨나기 힘들어요. 그래서 식물은 꽃가루나 씨를 먼 곳으로 모험을 떠나보낸답니다. 물론 다른 생물이나 바람, 물의 힘을 빌려서 떠나는 모험입니다.

이런 모험에는 두 가지가 있습니다. 하나는 꽃가루가 날아가서 수분되는 '꽃가루의 모험'입니다. 다른 하나는 씨가 빈 곳을 찾아 퍼지는 '씨의 모험'이랍니다. 씨가 생기려면, 수술의 꽃가루가 암술의 끝에 내려앉는 수분(꽃가루받이)이 이루어져야 합니다. 꽃가루는 꿀을 먹는 벌과 나비 등의 몸에 묻어 다른 꽃으로 떠나기도 하고, 바람을 타고 멀리 날아가기도 합니다. 우리 주변에서 흔히 볼 수 있는 소나무, 버드나무, 벼 등은 바람을 이용한답니다. 소나무 꽃가루는 바람을 잘 만나면, 무려 천 리(약 400킬로미터)까지 날아간다고 해요. 아주 먼 여행이지요. 물속에서 꽃이 피는 수생식물은 물을 이용해서 꽃가루가 모험을 떠납니다.

그런데 같은 꽃에서는 수분이 잘 이루어지지 않는답니다. 왜 그럴까요? 그것은 수분이 이루어질 만큼 꽃가루와 암술이 동시에 다 자라지 않기 때문이지요.

씨를 통한 모험도 흥미진진하답니다. 꽃가루의 모험과는 달리, 씨는 다른 식물이 없는 곳으로 떠납니다. 적당한 흙, 물, 영양분이 고루 있는 곳에 도착해야 제대로 싹을 틔울 수 있지요.

씨는 좋은 터를 잡기 위해 다양한 방법을 이용합니다. 가장 흔한 것이 바람을 이용한 모험이랍니다. 민들레 씨가 대표적이지요. 또한 동물의 털에 달라붙어 퍼져 나가는 도꼬마리 같은 씨도 있답니다. 포도와 감 씨는 동물에게 먹힌 뒤, 동물의 배설물을 통해서 새로운 곳에 자리를 잡지요. 스프링처럼 힘이 있는 꼬투리를 가진 봉숭아와 물봉선도 있답니다. 꼬투리가 터지며, 씨들이 멀리 퍼져 나가지요. 재미있는 것은 도토리랍니다. 다람쥐는 다음에 먹으려고 도토리를 땅속에 잘 숨겨 놓곤 해요. 그 가운데 찾지 못한 도토리에서 다음 해 싹이 돋는답니다. 다람쥐는 기억력이 썩 좋지 않나 봐요.

주변에서 일어나는 꽃가루와 씨의 모험, 정말 재미있지 않나요?

글을 쓴 김미경 님은 출판사에서 어린이책 만드는 일을 하였습니다. 지금은 여럿이 모여 좋은 책을 만들기 위해 애쓰고 있습니다.

그림을 그린 이영림 님은 국민대학교에서 회화를 전공하였습니다. 2002 판타스틱 월드 개인전을 비롯한 일러스트 전시회를 가졌습니다. 〈빨간 머리 앤〉〈작은 아씨들〉〈걸리버 여행기〉〈서유기〉 등에 그림을 그렸습니다.

감수를 한 이은주 님은 서울대학교 식물학과를 졸업하고, 같은 대학교에서 석사 학위를 받았습니다. 캐나다 마니토바대학에서 식물학 박사 학위를 받고, 지금은 서울대학교 생명과학부 교수로 재직하고 있습니다. 생명의 근간이 되는 식물에 어린이들이 더 많은 관심을 갖기를 바라는 마음으로, 어린이책에 애정을 쏟고 있습니다.

식물_식물의 번식 꽃가루의 모험
글_ 김미경 그림_ 이영림 감수_ 이은주

펴낸이_ 김동휘 **펴낸곳_** 여원미디어㈜ **출판등록_** 제406-2009-0000032호
주소_ 경기도 파주시 회동길 130(문발동) 탄탄스토리하우스 **전화번호_** 080 523 4077 **홈페이지_** www.tantani.com
기획·편집·디자인 진행_ 글그림 기획_ 이기경 김세실 안미연 **편집_** 이연수 **일러스트 디렉팅_** 김경진 **디자인_** 이경자
제작책임_ 강인석 **인쇄_** 새한문화사 **제책_** ㈜책다움 **판매처_** 한국가드너㈜ **마케팅_** 김미영 조호남 김명희 오유리

Plants_Propagation of Plants Adventure of Pollen
Plants have many ways for propagation. For instance, flowering plants usually attract bees and butterflies. Bees and butterflies then fly from flowers to flowers. This helps the flowering plants to bear seeds or fruits. Let's learn more about the plants' propagation.

이 책에 실린 글과 그림의 무단 복제 및 전재를 금합니다.

지구의 주인은 누구라고 생각하나요? 지구상의 모든 생물에게 꼭 필요한 산소와 영양분을 제공해 주는 식물이 아닐까요. 식물의 다양한 생존 방식과 끝없는 생명력… 이제까지 몰랐던 식물에 대한 놀라운 사실들을 알아봅니다.

식물

동물
- 생물과 무생물
- 먹이 사슬
- 태생과 난생
- 동물의 모습
- 동물의 성장
- 동물의 위장
- 고향을 찾아서
- 동물의 서식지
- 동물의 집짓기
- 동물의 의사소통
- 동물의 수면
- 동물의 겨울나기
- 먹이 구하기
- 아기 키우기

환경
- 숲
- 강
- 갯벌
- 바다
- 땅
- 멸종동물
- 환경보호
- 재활용
- 인간과 도구

우주
- 지구의 탄생
- 지구의 모습
- 날씨
- 지구의 움직임
- 암석
- 태양계
- 달
- 별의 일생
- 우주 탐사

인체
- 우리 몸
- 탄생과 성장
- 감각기관
- 소화기관
- 운동순환기관
- 건강함이란

물리
- 물질의 성질
- 물질의 상태 변화
- 공기
- 시간
- 소리
- 중력
- 여러 가지 힘
- 빛과 색
- 전기
- 도구의 원리

식물
- 식물의 위상
- 식물의 성장
- 식물의 번식
- 식물의 생존
- 식물의 일생
- 먹는 식물들
- 식물의 재배

꽃가루의 모험